探索手册

吾乡吾土

大山·家 上

一年级

田字格公益 编

孔學堂書局

图书在版编目（CIP）数据

大山·家. 上 / 田字格公益编. -- 贵阳 : 孔学堂书局, 2025. 3. -- (吾乡吾土 / 肖诗坚主编).
ISBN 978-7-80770-599-4

Ⅰ. P931.2-49

中国国家版本馆CIP数据核字第202456JC27号

吾乡吾土·探索手册　　肖诗坚　主编
大山·家（上）
DASHAN · JIA（SHANG）
田字格公益　编

责任编辑：朱　辉
装帧设计：潘伊莎　马鸿阅
排版制作：李珍敏
责任印制：张　莹　刘思妤

出版发行：贵州日报当代融媒体集团
　　　　　孔学堂书局
地　　址：贵阳市乌当区大坡路26号
印　　制：天津联城印刷有限公司
开　　本：889mm×1194mm　1/16
字　　数：28千字
印　　张：2.75
版　　次：2025年3月第1版
印　　次：2025年3月第1次印刷
书　　号：ISBN 978-7-80770-599-4
定　　价：18.00元

xiāng tǔ kāi kè cí
乡土开课辞

shù gāo qiān zhàng　yè luò guī gēn
树高千丈，叶落归根；

wéi yǐ jiā xiāng　wú shēng yǒu xiáng
惟以家乡，吾生有祥；

lǐ rén wéi měi　zǔ dé liú fāng
里仁为美，祖德流芳；

tǔ yù wàn wù　xiāng chéng wén huà
土育万物，乡承文化；

xuè mài xiāng lián　zhì ài mò wàng
血脉相连，挚爱莫忘；

gǎn ēn xiāng tǔ　hòu fú yǒu wàng
感恩乡土，厚福有望。

开卷语

qīn ài de tóng xué

亲爱的同学：

huān yíng lái dào xiāng tǔ kè ràng wǒ men yì qǐ tàn suǒ jiā xiāng měi hǎo de

欢迎来到乡土课，让我们一起探索家乡美好的

rén shì wù

人、事、物！

zài zhè lián mián qǐ fú de qún shān zhī jiān péng cǎo yīn yīn yún hǎi máng

在这连绵起伏的群山之间，蓬草茵茵，云海茫

máng zhè lǐ shì rén jiān lè yuán yě shì wǒ men de jiā

茫。这里是人间乐园，也是我们的家……

jiā shì jiā tíng yǒu ài wǒ men de jiā rén jiā rén zhī jiān xiāng hù péi bàn

家是家庭，有爱我们的家人，家人之间相互陪伴

zhī chí

支持。

jiā shì zé rèn měi gè chéng yuán dōu yīng chéng dān hǎo zì jǐ de zé rèn

家是责任，每个成员都应承担好自己的责任。

jiā shì ài de yuán quán jiā tíng chéng yuán zhī jiān chuán dì ài wēn nuǎn hé

家是爱的源泉，家庭成员之间传递爱、温暖和

guān huái

关怀。

běn xué qī de xiāng tǔ kè wǒ men jiāng yì qǐ zǒu jìn dà shān zhōng de jiā

本学期的乡土课，我们将一起走进大山中的家！

目录

xiāng tǔ kè chū tǐ yàn
乡土课初体验……………………………… 1

1 chuàng jiàn yí gè "jiā"
创建一个"家" …………………………… 4

2 huà hua wǒ de jiā tíng shù
画画我的家庭树…………………………… 6

3 wǒ shì qīng jié xiǎo néng shǒu
我是清洁小能手…………………………… 11

4 "gǎn cháng" qù mǎi cài
"赶场"去买菜……………………………… 15

5 zuò dōng shè "jiā yàn"
做东设"家宴" …………………………… 19

6 "jiā yàn měi shí" xiù
"家宴美食"秀……………………………… 21

7 xiāng qīn xiāng ài gù shi huì
相亲相爱故事汇…………………………… 26

8 ài jiā rén, dòng qǐ lái
爱家人,动起来! ………………………… 28

9 wǒ wèi wǒ jiā xiě shǒu shī
我为我家写首诗…………………………… 33

xiāng tǔ kè chū tǐ yàn

乡土课初体验

zǒu jìn xiāng tǔ kè

走进乡土课

tóng xué men ràng wǒ men yì qǐ tà

同学们，让我们一起踏

shàngxiāng tǔ kè zhī lǚ xiān xué xí yí xià

上乡土课之旅！先学习一下

xiāng tǔ kāi kè cí ba

《乡土开课辞》吧！

xiāng tǔ kāi kè cí

乡土开课辞

shù gāo qiān zhàng yè luò guī gēn

树高千丈，叶落归根；

wéi yǐ jiā xiāng wú shēng yǒu xiáng

惟以家乡，吾生有祥；

lǐ rén wéi měi zǔ dé liú fāng

里仁为美，祖德流芳；

tǔ yù wàn wù xiāngchéng wén huà

土育万物，乡承文化；

xuè mài xiāng lián zhì ài mò wàng

血脉相连，挚爱莫忘；

gǎn ēn xiāng tǔ hòu fú yǒu wàng

感恩乡土，厚福有望。

chū shí yīn liàng guī zé
初识音量规则

tǎo lùn shí qǐng jiàng dī yīn liàng, bú yào yǐng xiǎng qí tā xiǎo zǔ ō
讨论时请降低音量，不要影响其他小组噢！

0 1 2 3

xiǎo zǔ chū xíng chéng
小组初形成

nǐ huì hé shuí chéng wéi zǔ yuán ne
你会和谁成为组员呢？

tóu piào xuǎn zǔ zhǎng
投票选组长

zǔ zhǎng
组长：……………………………………

zǔ yuán
组员：……………………………………

……………………………………

……………………………………

xiǎo zǔ chū liàng xiàng
小组初亮相

qǐng gè zǔ shàng tái liàng gè xiàng ba
请各组上台亮个相吧！

kè táng yǒu guī zé
课堂有规则

tóng xué men yí dìng yào láo jì kè táng guī zé yo
同学们一定要牢记课堂规则哟！

jīn rì shōu huò
今日收获

wǒ men yì qǐ lái shuō yi shuō jīn rì shōu huò ba
我们一起来说一说今日收获吧！

nián yuè rì jīn rì zhǔ tí
……年……月……日　　今日主题：……

……

……

……

……

chuàng jiàn yí gè jiā
1 创建一个“家”

xué xí yì zhàn
学习驿站

dú gù shi
·读故事·

wǒ men yì qǐ lái tīng yi tīng xiǎo fēi de gù shi
我们一起来听一听《小飞的故事》。

tǐ yàn shì jiè
体验世界

chuàng jiàn wǒ de jiā tíng
·创建“我的家庭”·

tóng xué men hé nǐ de xiǎo zǔ chéng yuán yì qǐ chuàng jiàn yí gè jiā tíng ba
同学们，和你的小组成员一起创建一个“家庭”吧！

fēn xiǎng yuán dì
分享园地

jiā rén qí liàng xiàng
·“家人”齐亮相·

qǐng měi gè jiā tíng shàng tái liàng gè xiàng ba
请每个“家庭”上台亮个相吧！

jīn rì shōu huò
今日收获

wǒ men yì qǐ lái shuō yi shuō jīn rì shōu huò ba
我们一起来说一说今日收获吧！

nián yuè rì jīn rì zhǔ tí
…………年…………月…………日 今日主题：…………………………

……………………………………………………………………

……………………………………………………………………

……………………………………………………………………

……………………………………………………………………

……………………………………………………………………

huà hua wǒ de jiā tíng shù
2 画画我的家庭树

chuàng zuò lè yuán
创作乐园

huà hua wǒ de jiā tíng shù
·画画我的家庭树·

wǒ men yì qǐ lái huà yi huà zì jǐ de jiā tíng shù ba
我们一起来画一画自己的家庭树吧！

我的单元成长档案

经过这段时间的学习，你对自己的表现还满意吗？请根据自己的表现给星星涂色吧！

自我评价

维度	描述	评价
审美情趣	我能欣赏他人的家庭树	☆
	我能画出我家的家庭树	☆
自信分享	我愿意上台分享	☆
	我能用“3”的音量向全班分享	☆
乐学善学	我能积极参与课堂、举手发言	☆
	我能填写“我的单元成长档案”	☆
沟通合作	我能做到“轮流发言”	☆
	我能做到“举手表决”	☆
	我能用“2”的音量在小组中讨论	☆

（续表）

zì wǒ píng jià

自我评价

wǒ yí gòng dé dào le kē xīng xing

我一共得到了______颗星星。

kàn kan zhè ge dān yuán wǒ néng lǐng qǔ nǎ ge tú xiàng ba

看看这个单元我能领取哪个图像吧！

kē
7~9颗★：

kē
5~6颗★：

kē
3~4颗★：

kē
1~2颗★：

小组互评

我的名字：

序号	合作约定	评价人				
①	轮流发言					
②	专注倾听					
③	举手表决					

完全做到：○　部分做到：△　没有做到：?

小组合作时，小组成员有哪些好的合作行为：

小组成员的哪些行为，可以做得更好：

jiào shī píng jià
教师评价

sù yǎng mù biāo 素养目标	shěn měi 审美 qíng qù 情趣	zì xìn 自信 fēn xiǎng 分享	lè xué 乐学 shàn xué 善学	gōu tōng 沟通 hé zuò 合作	zǒng tǐ 总体 biǎo xiàn 表现
fēi cháng chū sè 非常出色					
zài jiē zài lì 再接再厉					
nǔ lì jiā yóu 努力加油					
hái xū gǎi jìn 还需改进					

jiào shī píng yǔ
教师评语：

3 我是清洁小能手

wǒ shì qīng jié xiǎo néng shǒu

学习驿站 ·家人聚会准备啥·

xué xí yì zhàn　jiā rén jù huì zhǔn bèi shá

家庭聚会的准备

jiā tíng jù huì de zhǔn bèi

组织家庭聚会时，你认为需要做哪些准备，请在相应的括号里画“√”。

zǔ zhī jiā tíng jù huì shí, nǐ rèn wéi xū yào zuò nǎ xiē zhǔn bèi, qǐng zài xiāng yìng de kuò hào lǐ huà

dǎ sǎo wèi shēng
打扫卫生（　　）

mǎi cài zuò fàn
买菜做饭（　　）

zhǔn bèi cān jù
准备餐具（　　）

qù yóu lè chǎng wán
去游乐场玩（　　）

tǐ yàn shì jiè
体验世界

qīng jié gōng jù wǒ rèn shi
·清洁工具我认识·

zhè xiē qīng jié gōng jù nǐ rèn shi ma
这些清洁工具你认识吗？

sào zhou
扫帚

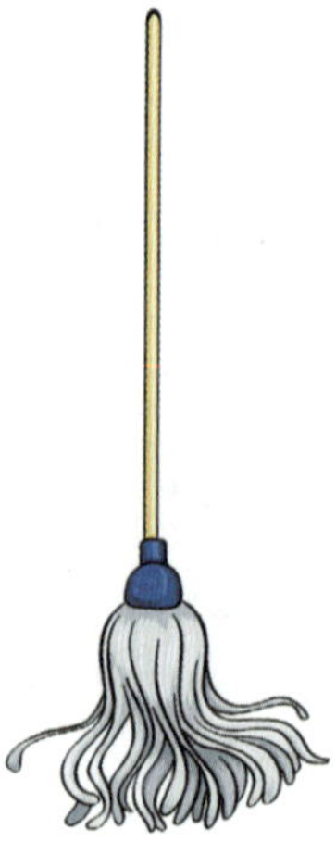

tuō bǎ
拖把

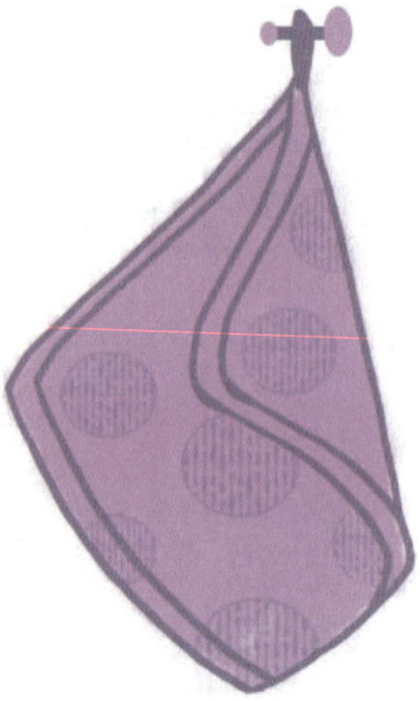

mā bù
抹布

xué xí yì zhàn
学习驿站

jiā wù láo dòng bǐ yi bǐ
·家务劳动比一比·

bǐ yi bǐ shuí shì qīng jié xiǎo néng shǒu ba
比一比谁是清洁小能手吧！

xué xí yì zhàn
学习驿站

jiā wù láo dòng wǒ zhī dào
·家务劳动我知道·

zài nǐ jiā， měi jiàn jiā wù huó dōu shì shuí zài zuò？ yòng xiàn lián yi lián ba！
在你家，每件家务活都是谁在做？用线连一连吧！

xǐ cài
洗菜·

zuò fàn
做饭·

xǐ wǎn
洗碗·

xǐ yī fu
洗衣服·

dǎ sǎo
打扫·

zhěng lǐ chuáng pù
整理床铺·

mǎi cài
买菜·

wèi jī niú zhū
喂鸡/牛/猪…… ·

zhòng tián
种田·

zhào gù lǎo rén
照顾老人·

zhào gù xiǎo hái
照顾小孩·

bà ba
·爸爸

mā ma
·妈妈

wǒ
·我

wǒ de xiōng dì jiě mèi
·我的兄/弟/姐/妹

nǎi nai wài pó
·奶奶/外婆

yé ye wài gōng
·爷爷/外公

jīn rì shōu huò
今日收获

wǒ men yì qǐ lái shuō yi shuō jīn rì shōu huò ba
我们一起来说一说今日收获吧！

nián yuè rì jīn rì zhǔ tí
……年……月……日　今日主题：……

……

……

……

……

……

4 “赶场” 去买菜

gǎn chǎng qù mǎi cài

tǐ yàn shì jiè
体验世界

tǎo lùn jù huì cài dān
（·讨论聚会菜单·）

1

jiāo má jī
椒麻鸡

2

gān guō tàng pí niú ròu
干锅烫皮牛肉

3

jī dàn gēng
鸡蛋羹

4

gān guō niú ròu
干锅牛肉

5

liáng bàn zhé ěr gēn
凉拌折耳根

6

gōng bǎo jī dīng
宫保鸡丁

nǐ men de jiā tíng jù huì cài dān jué dìng hǎo le ma qǐng jiāng jué dìng hǎo de cài de xù hào xiě xià lái
你们的家庭聚会菜单决定好了吗？请将决定好的菜的序号写下来。

xué xí yì zhàn
学习驿站

shí wù dā pèi yǒu xué wèn
·食物搭配有学问·

qǐng cháng shì gěi tú zhōng de shí cái fēn fen lèi ba
请尝试给图中的食材分分类吧！

1

2

3

4

5

6

7

8

9

10

11

12

13

14

gǔ wù lèi
谷物类
……………………

shū cài shuǐ guǒ lèi
蔬菜水果类
……………………

ròu dàn nǎi lèi
肉蛋奶类
……………………

zhī fáng lèi
脂肪类
……………………

dòu lèi
豆类
……………………

xué xí yì zhàn
学习驿站

quán jiā yì qǐ qù gǎn cháng
·全“家”一起去“赶场”·

dà jiā yì qǐ lái cǎi gòu zhì zuò dà cān de shí cái ba
大家一起来“采购”制作大餐的食材吧！

xiāng cài | yuán liǎng
香菜 | 5元/两

dà suàn | yuán jīn
大蒜 | 5元/斤

jī ròu | yuán jīn
鸡肉 | 20元/斤

huāshēng | yuán jīn
花生 | 5元/斤

niú ròu | yuán jīn
牛肉 | 50元/斤

là jiāo | yuán jīn
辣椒 | 5元/斤

jiāng | yuán jīn
姜 | 5元/斤

cōng | yuán jīn
葱 | 5元/斤

huā jiāo | yuán liǎng
花椒 | 5元/两

jī dàn | yuán gè
鸡蛋 | 1元/个

zhé ěr gēn | yuán jīn
折耳根 | 5元/斤

liángmiàn | yuán fèn
凉面 | 3元/份

píngguǒ 苹果 yuán jīn 5元/斤

lǐ zi 李子 yuán jīn 5元/斤

pú tao 葡萄 yuán jīn 5元/斤

dà mǐ 大米 yuán jīn 5元/斤

bāo zi 包子 yuán gè 1元/个

mán tou 馒头 yuán gè 1元/个

wǒ men jiā cǎi gòu le
我们“家”采购了……………………………………

…………………………………………，共花了…………元。

gòng huā le yuán

jīn rì shōu huò
今日收获

wǒ men yì qǐ lái shuō yi shuō jīn rì shōu huò ba
我们一起来说一说今日收获吧！

nián yuè rì jīn rì zhǔ tí
……年……月……日　今日主题：……………………

……………………………………………………………………

……………………………………………………………………

……………………………………………………………………

……………………………………………………………………

zuò dōng shè jiā yàn
5 做东设“家宴”

chuàng zuò lè yuán 创作乐园

jiā yàn dà cān cǎi ní zuò
“家宴大餐”彩泥做

dà jiā yì qǐ lái yòng cǎi ní niē chū jiā yàn dà cān ba
大家一起来用彩泥捏出“家宴大餐”吧!

xué xí yì zhàn 学习驿站

dài kè lǐ yí zhī duō shǎo
待客礼仪知多少

zuò wéi jiā lǐ de xiǎo dāng jiā dāng kè rén lái zuò kè shí wǒ men yīng gāi zěn yàng zhāo dài tā men ne
作为家里的小当家，当客人来做客时，我们应该怎样招待他们呢?

jīn rì shōu huò
今日收获

wǒ men yì qǐ lái shuō yi shuō jīn rì shōu huò ba
我们一起来说一说今日收获吧！

nián yuè rì jīn rì zhǔ tí
…………年…………月…………日　今日主题：…………………………

……………………………………………………………………

……………………………………………………………………

……………………………………………………………………

……………………………………………………………………

……………………………………………………………………

6 “家宴美食” 秀
jiā yàn měi shí xiù

分享园地
fēn xiǎng yuán dì

“家宴美食” 秀
jiā yàn měi shí xiù

同学们，请向大家介绍一下你们家的“家宴美食”吧！
tóng xué men qǐng xiàng dà jiā jiè shào yí xià nǐ men jiā de jiā yàn měi shí ba

创作乐园
chuàng zuò lè yuán

共绘单元“气泡图”
gòng huì dān yuán qì pào tú

我们一起来绘制单元“气泡图”吧！
wǒ men yì qǐ lái huì zhì dān yuán qì pào tú ba

wǒ de dān yuán chéng zhǎng dàng àn
我的单元成长档案

jīng guò zhè duàn shí jiān de xué xí， nǐ duì zì jǐ de biǎo xiàn hái mǎn yì ma？ qǐng gēn jù zì jǐ de biǎo xiàn gěi xīng xing tú sè ba！

经过这段时间的学习，你对自己的表现还满意吗？请根据自己的表现给星星涂色吧！

zì wǒ píng jià
自我评价

wéi dù 维度	miáo shù 描述	píng jià 评价
zì xìn fēn xiǎng 自信分享	wǒ néng yòng "3" de yīn liàng xiàng quán bān fēn xiǎng 我能用“3”的音量向全班分享	☆
yǒng yú tàn jiū 勇于探究	wǒ duì qīng jié gōng jù、"gǎn cháng"、zhì zuò "jiā yàn měi shí" děng huó dòng gǎn xìng qù 我对清洁工具、“赶场”、制作“家宴美食”等活动感兴趣	☆
shí jiàn chuàng xīn 实践创新	wǒ néng fā huī xiǎng xiàng lì yòng cǎi ní niē chū "jiā cháng cài" 我能发挥想象力用彩泥捏出“家常菜”	☆
	wǒ huì jī běn de qīng sǎo jì néng 我会基本的清扫技能	☆
lè xué shàn xué 乐学善学	wǒ néng jī jí cān yù kè táng、jǔ shǒu fā yán 我能积极参与课堂、举手发言	☆
	wǒ néng tián xiě "wǒ de dān yuán chéng zhǎng dàng àn" 我能填写“我的单元成长档案”	☆

（续表）

zì wǒ píng jià
自我评价

wéi dù 维度	miáo shù 描述	píng jià 评价
gōu tōng hé zuò 沟通合作	wǒ néng zuò dào lún liú fā yán 我能做到"轮流发言"	☆
	wǒ néng zuò dào dá chénggòng shí 我能做到"达成共识"	☆
	wǒ néngyòng de yīn liàng zài xiǎo zǔ zhōng tǎo lùn 我能用"2"的音量在小组中讨论	☆

wǒ yí gòng dé dào le kē xīng xing
我一共得到了______颗星星。

kàn kan zhè ge dān yuán wǒ néng lǐng qǔ nǎ ge tú xiàng ba
看看这个单元我能领取哪个图像吧！

kē
7~9颗★：

kē
5~6颗★：

kē
3~4颗★：

kē
1~2颗★：

xiǎo zǔ hù píng
小组互评

wǒ de míng zi
我的名字：

xù hào 序号	hé zuò yuē dìng 合作约定	píng jià rén 评价人				
①	lún liú fā yán 轮流发言					
②	dá chénggòng shí 达成共识					
③	fēn gōng míng què 分工明确					

wán quán zuò dào 完全做到：○　bù fen zuò dào 部分做到：△　méi yǒu zuò dào 没有做到：?

xiǎo zǔ hé zuò shí, xiǎo zǔ chéng yuán yǒu nǎ xiē hǎo de hé zuò xíng wéi
小组合作时，小组成员有哪些好的合作行为：

xiǎo zǔ chéng yuán de nǎ xiē xíng wéi, kě yǐ zuò de gèng hǎo
小组成员的哪些行为，可以做得更好：

jiào shī píng jià
教师评价

sù yǎng mù biāo 素养目标	zì xìn 自信 fēn xiǎng 分享	yǒng yú 勇于 tàn jiū 探究	shí jiàn 实践 chuàng xīn 创新	lè xué 乐学 shàn xué 善学	gōu tōng 沟通 hé zuò 合作	zǒng tǐ 总体 biǎo xiàn 表现
fēi cháng chū sè 非常出色						
zài jiē zài lì 再接再厉						
nǔ lì jiā yóu 努力加油						
hái xū gǎi jìn 还需改进						

jiào shī píng yǔ
教师评语：

xiāng qīn xiāng ài gù shi huì

7 相亲相爱故事汇

tǐ yàn shì jiè

体验世界

ài de gù shi

·爱的故事·

wǒ men yì qǐ lái yuè dú huì běn, gǎn shòu jiā rén de ài yǔ guān huái ba

我们一起来阅读绘本，感受家人的爱与关怀吧！

huā lì shǔ yì jiā

《花栗鼠一家》

fēn xiǎng yuán dì

分享园地

jiā tíng ài de jì yì

·家庭爱的记忆·

qǐng huí yì yí jiàn néng tǐ xiàn jiā rén ài zì jǐ de gù shi, shuō yi shuō jiā rén duì zì jǐ de ài

请回忆一件能体现家人爱自己的故事，说一说家人对自己的爱。

chuàng zuò lè yuán
创作乐园

jiā tíng ài de jì yì
·家庭爱的记忆·

wǒ men yì qǐ lái huà yi huà zhè ge chōng mǎn ài de gù shi ba
我们一起来画一画这个充满爱的故事吧！

jīn rì shōu huò
今日收获

wǒ men yì qǐ lái shuō yi shuō jīn rì shōu huò ba
我们一起来说一说今日收获吧！

nián yuè rì jīn rì zhǔ tí
……年……月……日 今日主题：……

……

……

……

8 爱家人，动起来！

àijiā rén dòng qǐ lái

创作乐园 ·爱的心意卡·

chuàng zuò lè yuán · ài de xīn yì kǎ

wǒ men lái zhì zuò yí fèn ài de xīn yì kǎ， sòng gěi jiā rén ba！

我们来制作一份爱的心意卡，送给家人吧！

创作乐园 ·共绘单元“气泡图”·

chuàng zuò lè yuán · gòng huì dān yuán “qì pào tú”

wǒ men yì qǐ lái huì zhì dān yuán “qì pào tú” ba！

我们一起来绘制单元“气泡图”吧！

wǒ de dān yuán chéng zhǎng dàng àn
我的单元成长档案

jīng guò zhè duàn shí jiān de xué xí，nǐ duì zì jǐ de biǎo xiàn hái mǎn yì ma？qǐng gēn jù zì jǐ de biǎo xiàn gěi xīng xing tú sè ba！

经过这段时间的学习，你对自己的表现还满意吗？请根据自己的表现给星星涂色吧！

zì wǒ píng jià
自我评价

wéi dù 维度	miáo shù 描述	píng jià 评价
shěn měi qíng qù 审美情趣	wǒ néng huà chū jiā tíng ài de jì yì 我能画出家庭爱的记忆	
zì xìn fēn xiǎng 自信分享	wǒ néng yòng “3” de yīn liàng xiàng quán bān fēn xiǎng 我能用“3”的音量向全班分享	
lè xué shàn xué 乐学善学	wǒ néng jī jí cān yù kè táng zhōng de xué xí huó dòng 我能积极参与课堂中的学习活动	
	wǒ néng tián xiě “wǒ de dān yuán chéng zhǎng dàng àn” 我能填写“我的单元成长档案”	
gōu tōng hé zuò 沟通合作	wǒ néng zuò dào “lún liú fā yán” 我能做到“轮流发言”	
	wǒ néng zuò dào “zhuān zhù qīng tīng” 我能做到“专注倾听”	
shí jiàn chuàng xīn 实践创新	wǒ néng zhì zuò ài de xīn yì kǎ 我能制作爱的心意卡	
shè huì zé rèn 社会责任	wǒ kě yǐ tōng guò yǔ yán huò xíng dòng xiàng jiā rén biǎo dá wǒ de ài hé gǎn xiè 我可以通过语言或行动向家人表达我的爱和感谢	

（续表）

zì wǒ píng jià
自我评价

wǒ yí gòng dé dào le ______ kē xīng xing
我一共得到了______颗星星。

kàn kan zhè ge dān yuán wǒ néng lǐng qǔ nǎ ge tú xiàng ba
看看这个单元我能领取哪个图像吧！

kē
7~8颗★：

kē
5~6颗★：

kē
3~4颗★：

kē
1~2颗★：

小组互评
xiǎo zǔ hù píng

wǒ de míng zi
我的名字：

xù hào 序号	hé zuò yuē dìng 合作约定	píng jià rén 评价人				
①	lún liú fā yán 轮流发言					
②	zhuān zhù qīng tīng 专注倾听					

wán quán zuò dào 完全做到：○　bù fen zuò dào 部分做到：△　méi yǒu zuò dào 没有做到：?

xiǎo zǔ hé zuò shí，xiǎo zǔ chéng yuán yǒu nǎ xiē hǎo de hé zuò xíng wéi
小组合作时，小组成员有哪些好的合作行为：

xiǎo zǔ chéng yuán de nǎ xiē xíng wéi，kě yǐ zuò de gèng hǎo
小组成员的哪些行为，可以做得更好：

jiào shī píng jià
教师评价

sù yǎng mù biāo 素养目标	shěn měi 审美 qíng qù 情趣	zì xìn 自信 fēn xiǎng 分享	shè huì 社会 zé rèn 责任	shí jiàn 实践 chuàng xīn 创新	lè xué 乐学 shàn xué 善学	gōu tōng 沟通 hé zuò 合作	zǒng tǐ 总体 biǎo xiàn 表现
fēi cháng chū sè 非常出色							
zài jiē zài lì 再接再厉							
nǔ lì jiā yóu 努力加油							
hái xū gǎi jìn 还需改进							

jiào shī píng yǔ
教师评语：

9 我为我家写首诗
wǒ wèi wǒ jiā xiě shǒu shī

创作乐园 ·学做小诗人·
chuàng zuò lè yuán　xué zuò xiǎo shī rén

我爱我家
wǒ ài wǒ jiā

家是……………………，爱是……………………，
jiā shì　　ài shì

爱让家……………………，我爱我家。
ài ràng jiā　　wǒ ài wǒ jiā

创作乐园 ·共绘学期“气泡图”·
chuàng zuò lè yuán　gòng huì xué qī qì pào tú

我们一起来绘制学期“气泡图”吧！
wǒ men yì qǐ lái huì zhì xué qī qì pào tú ba

wǒ de xué qī chéng zhǎng dàng àn
我的学期成长档案

jīng guò zhè ge xué qī de xué xí， nǐ duì zì jǐ de biǎo xiàn hái mǎn yì ma？ qǐng gēn jù zì jǐ de biǎo xiàn gěi xīng xing tú sè ba！

经过这个学期的学习，你对自己的表现还满意吗？请根据自己的表现给星星涂色吧！

zì wǒ píng jià
自我评价

wéi dù 维度	miáo shù 描述	píng jià 评价
shěn měi qíng qù 审美情趣	wǒ néng huì zhì jiā tíng shù、jiā tíng ài de jì yì děng zuò pǐn 我能绘制家庭树、家庭爱的记忆等作品	☆
zì xìn fēn xiǎng 自信分享	wǒ yuàn yì fēn xiǎng 我愿意分享	☆
	wǒ néng yòng “3” de yīn liàng jìn xíng fēn xiǎng 我能用“3”的音量进行分享	☆
shí jiàn chuàng xīn 实践创新	wǒ néng yòng cǎi ní niē chū “jiā tíng dà cān” 我能用彩泥捏出“家庭大餐”	☆
	wǒ néng zhèng què shǐ yòng cháng jiàn de qīng jié gōng jù 我能正确使用常见的清洁工具	☆
yǒng yú tàn jiū 勇于探究	wǒ duì qīng jié、“gǎn cháng”、zhì zuò “jiā yàn měi shí” děng huó dòng gǎn xìng qù 我对清洁、“赶场”、制作“家宴美食”等活动感兴趣	☆
lè xué shàn xué 乐学善学	wǒ néng jī jí cān yù kè táng huó dòng 我能积极参与课堂活动	☆
	wǒ néng huì zhì “qì pào tú” 我能绘制“气泡图”	☆
	wǒ néng tián xiě “wǒ de chéng zhǎng dàng àn” 我能填写“我的成长档案”	☆

（续表）

zì wǒ píng jià
自我评价

wéi dù 维度	miáo shù 描述	píng jià 评价
shè huì zé rèn 社会责任	wǒ néng zūn shǒu kè táng guī zé 我能遵守课堂规则	☆
	wǒ néng zūn jìng zhǎng bèi 我能尊敬长辈	☆
	wǒ yuàn yì fēn dān jiǎn dān de jiā wù láo dòng 我愿意分担简单的家务劳动	☆
gōu tōng hé zuò 沟通合作	wǒ néng cān yù xiǎo zǔ hé zuò zūn shǒu hé zuò xué xí yuē dìng 我能参与小组合作、遵守合作学习约定	☆

wǒ yí gòng dé dào le kē xīng xing
我一共得到了______颗星星。

kàn kan zhè ge xué qī wǒ néng lǐng qǔ nǎ ge tú xiàng ba
看看这个学期我能领取哪个图像吧！

kē
11~13颗 ★：

kē
7~10颗 ★：

kē
3~6颗 ★：

kē
1~2颗 ★：

小组互评

我的名字：

序号	合作约定	评价人				
①	轮流发言					
②	专注倾听					
③	分工明确					
④	举手表决					
⑤	达成共识					

完全做到：○　部分做到：△　没有做到：?

小组合作时，小组成员有哪些好的合作行为：

小组成员的哪些行为，可以做得更好：

jiào shī píng jià
教师评价

sù yǎng mù biāo 素养目标	shěn měi 审美 qíng qù 情趣	zì xìn 自信 fēn xiǎng 分享	shè huì 社会 zé rèn 责任	shí jiàn 实践 chuàng xīn 创新	yǒng yú 勇于 tàn jiū 探究	lè xué 乐学 shàn xué 善学	gōu tōng 沟通 hé zuò 合作	zǒng tǐ 总体 biǎo xiàn 表现
fēi cháng chū sè 非常出色								
zài jiē zài lì 再接再厉								
nǔ lì jiā yóu 努力加油								
hái xū gǎi jìn 还需改进								

jiào shī píng yǔ
教师评语：